MAESTRO Y DISCÍPULO

por

Campeón Mundial
José Luis "Jay-el" Hinojosa, MD

Ilustraciones
Brett Oberthaler

ISBN-10: 0985729767

ISBN-13: 978-0-9857297-6-9

También por José Luis "Jay-el" Hinojosa, MD

NOVELAS

The Tonic

Master and Disciple (versión en inglés de este libro)

OBRAS TEATRALES

Exam Room 2

Rosi Milagros

Chameleon

NO FICCIÓN

The Language of Winners!

¡El Lenguaje de los Triunfadores!

Report Card on Rape

Magnets for Health

Tae Kwon Do for Everyone

Frozen in Time

GUIONES DE PELÍCULAS

Campeón (coautor)

CONTENIDO –

DEDICACIÓN –

DEDICO ESTE LIBRO a mis hijos, José Luis II, Laura Grisel y Alexis Liset por la interminable alegría que traen a mi vida.

A Eric, la definición de un verdadero amigo.

A mi esposa, María Elena, que complementa totalmente mi vida.

A mis padres, Homero Hinojosa y Rosalinda F. Hinojosa, por todo su amor y apoyo a lo largo de los años... y que descansen en paz. Mi madre también me enseñó muchas de las lecciones que comparto en este libro.

A todos los nombrados anteriormente: Los amo.

RECONOCIMIENTOS –

LES DEBO UNA DEUDA DE GRATITUD a todos los que me permitieron que les lea mientras todavía trabajaba en este libro.

Le doy gracias a mi hijo, J.L., quien se desempeñó como talento para el diseño de la cubierta de la primera edición de *Maestro y Discípulo* (la versión en inglés)... y para esta edición es el talento de las imágenes de las manos en todo el libro. A propósito, él recientemente graduó de la Escuela Culinaria y actualmente comparte sus talentos como especialista en pasteles y repostería en Texas.

También le agradezco a mi amigo, Brett Oberthaler, quien hizo un trabajo magistral con las ilustraciones y dibujos incluidos en este libro.

Por último, me gustaría agradecer a mi buen amigo, el Profesor Silverio Guerra, la Sala de Honor de Artes Marciales Universales y el Consejo Supremo Sokeship por reconocer los valores morales positivos y lecciones contenidas en *Maestro y Discípulo*, y por otorgarme el honor con la inducción en el Salón de la Fama en el 2008 como *Autor del Año en las Artes Marciales*. Siento profunda humildad.

PREFACIO –

CRÉALO O NO, LAS PRIMERAS PÁGINAS de este libro fueron garabateadas hace unos veranos en una servilleta de papel, mientras estaba en el asiento trasero de un coche lleno de gente, rumbo a Disneyland. Mi buen amigo, Eric Lee, se ofreció para darnos a mis hijos y a mí el *tratamiento real* mientras vacacionábamos en California. Ya que nosotros jamás habíamos ido a Disney, tomó la oportunidad de ser anfitrión – ¡y fue muy bueno! Personalmente, creo que sólo estaba tratando de alejarse de todos esos despiadados karatekas que les encanta entrenar con él.

Rodeado de tanta calidez y amor, me inspiré. Por supuesto, rompí todas las reglas e hice lo contrario de lo que cualquier escritor consumado generalmente hace – comencé a leer mi copia preliminar a todo aquel que quisiera escuchar.

No debes estar leyendo tu trabajo a otros... ¡todavía no lo terminas! ¿Qué tal si le haces cambios? ¿Qué tal si empiezas otro proyecto y nunca terminas este? Y ¿qué tal si yo no estaba consciente de todas estas reglas?

Así, mis hijos y Eric fueron mis obvias víctimas. Eran una audiencia de ocho orejas. Muy a mi sorpresa, ¡les encantó lo que leí y querían escuchar más! En retrospectiva, creo que Eric y mis hijos eran parte de una conspiración secreta para hacerme sentir bien con lo que estaba escribiendo en esa servilleta.

"No podemos esperar a escuchar lo que sucede después, Padre," decían mis hijos con una sonrisa.

"Eso es muy bueno, Doc," se oía el eco de Eric.

Y como yo les creí (*tonto yo*), ahora estaba atrapado en un viaje de descubrimiento e intercambio – un viaje que, en última instancia, me llevaría de nuevo a mi propia infancia. El niño en mí espera que tú leas *Maestro y Discípulo* con todo el asombro que un niño posee. ¡Te deseo una gran lectura!

Como siempre, cada sugerencia o comentario es bienvenido. Contáctate conmigo vía correo electrónico en mi página web en:
www.BooksByDrHinojosa.com

¡Bendiciones!
Tu amigo,
José Luis Hinojosa, MD

PRÓLOGO –

¿PARA QUIÉN ES ESTE LIBRO? Esa es una pregunta capciosa porque el título original iba a ser *¡Cómo Parar Una Bala!* Sin embargo, después de mucha deliberación y comentarios de familiares y amigos, decidí cambiarlo a *Maestro y Discípulo*, que es un título más apropiado y le hace justicia a la historia. Por lo tanto, la respuesta a la pregunta original es: *Este libro es para los niños, adolescentes y adultos.*

El propósito de este libro es enseñar a los niños, adolescentes y pre-adolescentes algunas lecciones fundamentales, morales e inspiradoras de la vida. Además, no sólo recomiendo que los adultos lean este libro a sus hijos, sino *con* sus hijos. Esto hará un perfecto rompe-hielos para iniciar el diálogo sobre temas importantes que su hijo(a) necesite discutir, pero tal vez teme preguntar.

Maestro y Discípulo es la historia de las lecciones de un padre a su hijo, y de cómo el hijo utiliza esas lecciones en su vida adulta. Es una historia sana y familiar que se cuenta desde la perspectiva de un karateka. El lector rápidamente se dará cuenta que uno no tiene que ser karateka o estar involucrado en las artes marciales para aprender las valiosas lecciones que llenan las páginas de *Maestro y Discípulo*.

Apuntes

Capítulo 1

El Guerrero

ERASE UNA VEZ, en un pequeño pueblo de Corea del Sur, había un guerrero fuerte y valiente. Se sentía más que fuerte. Se sentía más que valiente. De hecho, ¡se sentía invencible!

El guerrero había ganado muchas batallas – grandes y chicas, lejanas y cercanas. Había derrotado a los mejores combatientes de la tierra. Y hasta había rumores que ¡podía parar una bala!

Los que lo conocían lo bañaban con halagos y con regalos. Los que no, estaban impresionados con su reputación.

Mucha gente de importancia solicitaba su habilidad y sus enseñanzas. Y muchos más solicitaban su amistad.

Sin embargo, él no siempre había sido fuerte y valiente. Recordaba los días cuando chamacos más grandes y mayores que él se aprovechaban. De hecho, había sido el blanco frecuente del maloso del pueblo.

Ahora se alegraba que tenía las habilidades que tenía. Y, tal vez más importante, se alegraba que ya no era un chamaco tan pequeño e incapaz.

Era un gran hombre con gran técnica, grandes habilidades, y lo sabía. Todos lo sabían. Era *¡El Hombre Que Podía Parar Una Bala!*

El hombre sonrió al reflexionar sobre su vida. Estaba feliz con todas sus victorias, pero no estaba satisfecho. Porque sabía si alguna vez estuviera satisfecho con sus habilidades como luchador, perdería su ventaja – la ventaja de un vencedor.

Y cuando las apuestas son altas y la vida y la muerte están en juego, cualquier ventaja cuenta. Así que no estaba satisfecho. Nunca estaría satisfecho.

*UN LUCHADOR QUE ESTÁ SATISFECHO
CON SU TÉCNICA
PIERDE LA VENTAJA DEL VENCEDOR.*

El hombre muy claramente recordó unas cosas específicas de su niñez, especialmente las veces que salía perdiendo una pelea. Se dio cuenta que casi todos los que ganaban una pelea mostraban gran confianza y seguridad. Más o menos, así como la apariencia de su padre. Los vencedores estaban en control. No se dejaban agobiar con el caos de una pelea – la multitud, los gritos, el dolor. ¡Ah sí, el dolor!

Resulta que un ganador sabía cómo arreglar sus asuntos, cómo cuidar de sus negocios. Y el ganar se había convertido en el negocio de este gran guerrero.

Aquellos considerados dignos de sus enseñanzas encontraron ésta como su primera lección:

PARA GANAR UNA PELEA
PRIMERO TIENES QUE CREER
QUE PUEDES GANAR.

"Países vencedores," decía él, "creen que pueden tener éxito en la guerra. Maestros vencedores creen que pueden trasladar su sabiduría a sus alumnos. Y hasta padres vencedores creen que pueden criar niños felices, saludables y honestos."

El hombre recordó la vez cuando su nariz fue quebrada por el maloso del pueblo y el dolor que le siguió después que su padre manipuló la nariz a su posición original. En ése entonces es cuando pensó, *Tal vez si aprendo a pelear ya no se van a aprovechar de mí.*

Así que empezó a buscar a un maestro, pero no cualquier maestro. Él quería aprender del mejor. Estaba cansado de que lo golpeen. Pero más que nada, estaba cansado de tener dolor todo el tiempo.

Buscó alto y bajo, de un lado a otro, y en todas partes a un maestro, sin tener éxito. Una noche, mientras estaba sentado calladamente después de la cena, su padre preguntó, "¿Qué pasa, hijo?"

"Estoy cansado," dijo él. "Cansado y frustrado."

"¿Con qué?"

"Quiero aprender a pelear y no puedo encontrar un maestro."

"Ya veo. Es ése maloso, ¿verdad?"

"Sí."

"¿Y tú crees que el pelear es la solución?"

"No sé... Pero ya no quiero que me golpeen."

"Yo te puedo enseñar," dijo el padre.

"¿Usted? Pero usted es un curador, no un peleador."

"Tienes mitad de razón, hijo." El padre tenía calma y control. Siempre tenía calma y control.

"¿Qué me quiere decir?"

"Mira – te enseño," dijo el padre. Y sacó un pedazo de madera con una inscripción que decía:

LA SANACIÓN:
LA FORMA MÁS ALTA DEL COMBATE

El chamaco estaba confuso.

"Así es," continuó el padre. "Todos los grandes guerreros han entrenado largo y duro para adquirir poder mortal que pueden utilizar durante una batalla. Pero ése mismo poder, cuando no se usa para destrucción, se puede usar para construcción."

"No entiendo," dijo el chamaco.

El padre sonrió y agregó, "Si podemos quebrar a alguien, entonces también debemos saber cómo regresar a ése alguien a su condición original. ¿No crees?"

"Me imagino que sí..."

"El entrar a una pelea y lastimar a alguien, aunque requiera algunas habilidades técnicas, es fácil. El curar a los enfermos y a los lastimados... ¡ahora eso sí que es algo realmente especial!"

LASTIMAR Y CURAR:
LAS DOS CARAS DEL PODER
DE UN LUCHADOR

"Pero necesito aprender a pelear pronto," dijo el chamaco, "o usted va a tener que hacer más curaciones... ¡en mí!"

"Está bien, yo te enseñaré como pelear," dijo el padre. "Pero primero, voy a contarte una historia muy importante."

"Qué bien," dijo el chamaco. "¡Me encantan sus historias!"

– • –

UN DÍA UN GRAN GUERRERO DECIDIÓ que quería aprender la técnica más alta de combate – *la técnica perfecta* que prácticamente le garantizara la victoria en una pelea. Había oído de un maestro humilde quien era poseedor de tal técnica. El único problema era que éste maestro era muy cauteloso de su paradero. El guerrero sabía que nada más con encontrar a este maestro difícil de encontrar iba a ser un desafío monumental.

Y así como lo sospechaba, rápidamente llegó a uno y otro callejón sin salida. Dentro de poco, el pueblo entero escuchó de la búsqueda de éste guerrero y de su dilema. Y siendo él una persona de alta estima, la comunidad decidió unirse para ayudarle a encontrar al maestro que no podía ser encontrado.

Semanas y meses pasaron hasta que... en un día hermoso de primavera, el gran guerrero se topó con el maestro difícil de encontrar, quien estaba ocupado trabajando en su jardín.

"Deseo aprender la técnica suprema," dijo el guerrero.

"¿Dijiste *la técnica suprema*?" preguntó el maestro.

"Sí. Yo soy un gran guerrero ahora pero no puedo estar realizado hasta que aprenda el máximo nivel de combate... y esto es lo que usted me tiene que enseñar."

"Muy bien," dijo el maestro. Y después apuntó su índice derecho hacia el cielo y dijo, "¿Puedes encontrar un pájaro en uno de esos dos árboles?"

El guerrero rápidamente y fácilmente localizó un pájaro en cada uno de los dos árboles enormes en el patio trasero del maestro. "Sí, claro," él dijo.

"Cuando bajes uno de esos dos pájaros al suelo yo te enseñaré."

Apenas había terminado de decir esto el maestro cuando el guerrero sacó una daga pequeña y la lanzó con tanta velocidad y exactitud hacia el árbol más cercano... logrando derribar uno de los pájaros hacia su muerte.

"¡Ahí está!" exclamó el guerrero. "¿Es eso lo que quería?"

El maestro dijo no con la cabeza y cerró sus ojos suavemente. Entonces, después de un momento de concentración, pegó un grito tan poderoso que los árboles se estremecieron. Hasta el gran guerrero perdió su equilibrio momentáneamente. El segundo pájaro calló a un lado de los pies del guerrero, quien todavía estaba tratando de recuperar su equilibrio.

"¡Guau! ¡Esa sí que es una gran técnica!" gritó él. "¡Enséñeme cómo hacer eso!"

"Te puedo enseñar," dijo el maestro, "pero tú dijiste que querías aprender la *técnica suprema*."

"Pero, ¿qué podría ser mejor que eso?" preguntó el guerrero. "¡Usted mató a ese pájaro sin siquiera tocarlo!"

El maestro de nuevo cerró sus ojos, y así como anteriormente, se concentró por un instante. Entonces pegó otro grito ensordecedor y el pájaro abrió los ojos, se levantó, se sacudió y se fue volando.

"El curar," dijo el maestro, "es la técnica suprema."

– • –

"¡GUAU!" DIJO EL CHAMACO. "¿Y el maestro le enseñó al guerrero como hacer eso?"

"No inmediatamente," dijo el padre. "El maestro sí tomó al guerrero como estudiante. Y el guerrero practicó su técnica suprema por muchos años hasta que empezó a desarrollar el arte de curar."

"Tal vez usted me debería enseñar la técnica suprema primero," dijo el chamaco.

"No, hijo," dijo el padre, "primero te enseñaré cómo defenderte físicamente. Aprenderás a pelear."

"Pero nunca lo he visto pelear a usted." El chamaco tenía sus dudas. "¿Está seguro que sabe pelear?"

"Es verdad que nunca me has visto pelear – y espero que nunca lo hagas."

"¿Eh?"

"El hecho que jamás me hayas visto pelear no quiere decir que no sé cómo."

"Otra vez con su manera de hablar, padre. Honestamente, no sé lo que me está tratando de decir."

"Déjame explicarte," dijo el padre. "¿Alguna vez has oído del arte de pelear sin pelear?"

"¿Pelear sin pelear? Está bromeando, ¿verdad?"

"No. Estoy hablando en serio, hijo. Cuando yo tenía tu edad me di cuenta que no me gustaba pelear."

"¿Por qué no?"

"Porque había otras cosas que me interesaban."

"Como... ¿cuidar a la gente?"

"Así es. Yo siempre supe que quería ser un curador. Así que aprendí a pelear con una habilidad y determinación que en muy poco tiempo ya no tuve que envolverme en peleas."

"¿Porque todos le temían?"

"No, no todos... pero suficientes para que ya no me molestaran. Y esto me dio más tiempo para dedicarme a otros intereses."

"Así que cuando estaba estudiando ser curador, ¿ya no peleó tanto?"

"Correcto," dijo el padre. "Y rápidamente aprendí que la razón que ya no me molestaban era porque me paré por mí mismo."

"O sea, ¿se paró y peleó?"

"No. Más que una batalla física," explicó el padre, "la pelea está en la mente y en el corazón."

"Y ¿cómo voy a poder derrotar al maloso con mi mente o con mi corazón?"

"Para poder ganar una pelea," dijo el padre, "primeramente tienes qué creer que puedes ganar."

"Pero él es más grande y más fuerte que yo."

"¿Deseas o no deseas defenderte y ganarle a este maloso?"

"Sí señor. Yo quiero ganar."

"Entonces tienes que creer esto como la verdad… en tu mente y en tu corazón."

El chamaco estaba fascinado. Estaba aprendiendo del mejor profesor – su padre, el curador.

"Recuerda hijo, si crees que él te va a ganar, entonces probablemente sí te gana. Sin embargo, si crees que tú le vas a ganar, entonces tienes muy buena oportunidad de ganar."

"Así que ¿eso es todo?" dijo el chamaco. "¿Nada más tengo que creer y voy a ganar?"

"No. Primero crees y luego entrenas duro – *y luego* puedes ganar."

Y el chamaco empezó a entrenar con diligencia. Muy pronto se daría cuenta que creer en sí mismo era más difícil que lo que se imaginaba. ¿Cómo podía él – cómo podía cualquier persona – creer en alguien a quien golpeaban una y otra vez? Siendo la víctima no le inspiró confianza. Ahora estaba listo para cambiar todo eso.

Él compensaba por su falta de confianza y su baja auto-estima haciendo más de lo que se le pedía. Cuando su padre quería que practicara una cierta patada o un cierto golpe cincuenta veces, él lo hacía cien veces. Si se le pedía que corriera por diez minutos, él corría por treinta. Y así como crecieron sus habilidades físicas, también creció su confianza y su auto-estima.

Un día sucedió lo inconcebible: ¡se paró en contra del maloso! No, no ganó la pelea. Ganó algo más importante – el respeto del maloso. Y como si fuera poco, esa sería la última vez que el maloso lo molestara.

Y así empezó a entender el arte de pelear sin pelear – y el hecho de que las peleas pueden ganarse o perderse sin que nadie jamás tire un solo golpe. El chamaco sonrió porque sabía que su padre siempre tuvo la razón. Había aprendido su primera lección del combate y de la vida:

SI PIENSAS QUE PUEDES, PUEDES.
SI PIENSAS QUE NO PUEDES, NO PUEDES.
DE CUALQUIER MANERA,
PROBABLEMENTE TIENES RAZÓN.

Capítulo 2

Mira Primero

AL GRAN GUERRERO LE ENCANTABA PENSAR acerca de sus inicios como un estudiante guerrero juvenil. Casi reflexivamente, tocó el puente de su nariz – sólo una de las muchas lesiones que había sufrido en su ilustre carrera. Y al igual que lo hicieron cuando su nariz se había fracturado, los ojos le lagrimearon. Hoy en día, una lágrima encontraría su camino al delinear su rostro.

Se vio a sí mismo como un niño, escuchando las palabras de su padre:

ANTES DE PELEAR,
PRIMERO DEBES VER
A TU CONTRINCANTE.

"Por supuesto," dijo el discípulo impaciente. "Tienes que ver con quien peleas, ¿verdad?"

"No necesariamente. Yo he peleado en absoluta oscuridad."

"¿*Absoluta* oscuridad?"

"Así es. A veces, incluso la luna no se aparece durante una batalla. Así que hay que saber utilizar y confiar en todos tus sentidos. Ahora, tú dime los cinco sentidos que todo el mundo conoce y yo te contaré sobre el sexto sentido."

"¿Hay un sexto sentido?"

"Sí. Y es muy real."

"¿Cuál es?"

"No tan rápido," dijo el padre mientras meneaba su cabeza. "Tú primero."

"Está bien. Vamos a ver... hay la vista, el olfato, el sabor, oído, y tacto. ¿Se me olvida alguna?

"Sí, el sexto sentido."

"¡No es justo! ¿Cómo puede esperar que yo sepa algo que no se me ha enseñado todavía?

"Muy buen pensamiento, hijo. Te has ganado esta." El padre pausó por un segundo antes de continuar. "El sexto sentido es una voz interna, una sensación que nace de adentro. Es tu conciencia. Es la sabiduría y la energía de todos los miembros de nuestra familia a través de las generaciones."

"¿Tengo yo la sabiduría y energía *de usted* dentro de mí?

El padre sonrió y dijo, "Sí la tienes, hijo. Y es parte de tu sexto sentido."

"¿Todos tienen un sexto sentido?"

"Todo mundo lo tiene, pero algunas personas aprenden a cultivar y desarrollarlo, al igual que estás aprendiendo a cultivar y desarrollar tus habilidades de combate."

"¡Qué bueno!" Las ruedas dentro de la cabeza del joven giraban mientras pensaba por un instante. Después dijo, "Quiero aprender a pelear de noche, así como usted."

"Está bien," dijo el padre, "pero es preferible que veas a tu rival – especialmente que veas *dentro* de sus ojos."

"¿Y por qué es eso?" preguntó el chamaco.

Entonces el padre dijo algo que se inculcaría en la mente del chamaco por el resto de sus días:

LOS OJOS SON LAS VENTANAS
DEL ALMA.

"¿Qué quiere decir eso?" preguntó el chamaco.

"Quiere decir que puedes aprender mucho cuando miras a los ojos de alguien."

"¿Cómo es eso?

"Pues, puedes ver si está enfocado y concentrado, o nervioso y asustado. Puedes ver si habla la verdad o si sólo está faroleando. Hasta puedes ver si está a punto de atacar o a punto de desmayarse.

"¿Qué tal si veo en los ojos de mi rival que está a punto de romperme o desgarrarme en pedacitos?"

"Entonces podrías estar en un gran problema... y es por eso que parte de tu entrenamiento es correr."

"¿Me está aconsejando que pierda la cara y huya corriendo? ¿Así, sin ninguna... vergüenza?

"Lo que te aconsejo te va a *salvar* la cara, hijo. Y sí, corre lo más rápido y lo más lejos que te puedan llevar tus piernas."

"¡Pero todos los chamacos se van a burlar de mí!"

"Déjalos que digan lo que quieran. Recuerda, las palabras no tienen que doler, pero las patadas y los golpes sí."

"Oh, usted no sabe, padre..."

"¿Qué es lo que no se?"

"Que los chamacos de mi edad pueden decir unas cosas muy crueles hoy en día."

"Hijo, lo que se dice a la negativa se puede muy fácilmente transformar en algo positivo."

"¿Qué significa eso?"

"Usualmente, cuando alguien dice algo malo acerca de alguien más, en realidad están mostrando sus inseguridades y sus debilidades. Así que quiero que te recuerdes esto…"

*PALOS Y PIEDRAS PUEDEN ROMPER
MIS HUESOS,
PERO LAS PALABRAS JAMÁS ME DAÑARÁN ---*

*SI USO LAS PALABRAS COMO
HERRAMIENTAS PARA CONSTRUCCIÓN,
NO COMO ARMAS DE DESTRUCCIÓN.*

Al decir estas palabras, el guerrero recordó una historia de su niñez acerca de un hombre legendario. Un hombre de pocas palabras y grandes acciones. Un hombre amable cuyo nombre era tanto un misterio, así como la hazaña por la cual ganó notoriedad. Simplemente lo conocían como *El Hombre Que Podía Parar Una Flecha*.

- • -

DE ACUERDO A LA LEYENDA, ESTE HOMBRE no era un luchador en el verdadero sentido de la palabra. Sin embargo, era tan rápido y tan ágil que una noche, mientras caminaba de regreso hacia el pueblo, fue atacado por tres hombres armados. Porque no ofreció ninguna resistencia, lo debían haber dejado ir libre después de tomar su dinero. En un mundo más perfecto, ese hubiera sido el caso. Pero esos eran tiempos violentos --- tiempos con disturbios sociales y políticos.

Resulta que los ladrones tenían otros planes. Uno de ellos disparó una flecha al pecho del hombre. El hombre cayó al suelo, agarrando su pecho. Cuando los atacantes se acercaron al hombre caído vieron algo que jamás olvidarían. La mano derecha del hombre se abrió y reveló el punto de la flecha, ¡justo antes de llegar a su pecho!

Los ojos del hombre entonces perforaron como unas dagas a los ojos de sus atacantes. Los tres, a su vez, corrieron en terror como si habían visto a un fantasma.

Nadie realmente descubrió quien era este misterioso hombre. Al igual, su leyenda nació. Y curiosamente, hubo mucho menos violencia en ese pueblo después de esa noche.

- • -

COMO NIÑO, EL GUERRERO SIEMPRE HABÍA estado intrigado por esta historia. Se preguntaba si alguna vez llegara a conocer a *El Hombre Que Podía Parar Una Flecha.* Él también quería aprender a Parar o parar una flecha.

Un día en el patio trasero, mientras su padre le enseñaba defensas contra un palo, el joven guerrero le preguntó a su padre si creía la historia.

"Claro que sí," dijo el padre.

"¿Por qué suena tan seguro? ¿No cree que tal vez es sólo una leyenda y alguien inventó todo esto?"

El padre sonrió y dijo, "Ven hijo. Acércate y dime lo que ves."

Le mostró sus manos al joven guerrero. La palma de su mano derecha estaba mal cicatrizada.

"¡Es usted! ¡Usted es *El Hombre Que Podía Parar Una Flecha!*"

"Así es, hijo mío."

"¿Por qué no me había dicho?"

"Porque no habría hecho ninguna diferencia."

"¿Qué quiere decir con eso?"

"Quiero decir que *aún* te iba a enseñar todo lo que sabía."

"¿Hasta cómo Parar una flecha?"

El padre se rio. "Eso, hijo mío, fue pura suerte."

"¿Suerte? Yo no creo que fue suerte. *Nadie* cree que fue suerte."

El padre pensó por un instante. Luego dijo, "La suerte no sólo llega y ya todo va a estar bien. Uno tiene que estar preparado para cuando llegue la suerte."

"Pero ¿cómo se *prepara* uno para encontrar la suerte?"

El padre levantó un palo y habló. "Pon atención, hijo. Estoy a punto de darte la fórmula secreta para encontrar toda la buena suerte que quieras en este mundo. ¿Estás listo?"

"¡Claro, por supuesto!"

Entonces el padre usó el palo para escribir la siguiente fórmula en la tierra:

$$PREPARACIÓN$$
$$+$$
$$OPORTUNIDAD$$
$$+$$
$$ACCIÓN$$
$$=$$
$$SUERTE$$

Y desde ese día, el chamaco se consideraba la persona más afortunada del mundo.

Capítulo 3

LA REGLA DE 80-20

"¡PADRE, PADRE!" DIJO EL CHAMACO. "Han pasado exactamente dos semanas desde que el maloso me ha molestado. ¡Soy tan afortunado!"

El padre del chamaco sonrió y dijo, "Excelente, hijo mío. ¿Crees que estás listo para otra lección?"

"¡Claro que sí! No me puedo esperar... en serio."

"Muy bien. ¿Te he contado de la regla ochenta-y-veinte?"

"No señor, no me ha contado de tal regla."

"Quiero que sepas que esos son dos números importantes que debes recordar. Ochenta y veinte. Suman, por supuesto, a un cien por ciento."

"¿Voy a tener que hacer matemáticas cuando me estoy defendiendo?"

El padre se echó a reír. "No exactamente, hijo. Ochenta-y-veinte se aplica a una gran cantidad de principios, no sólo en el combate, pero también en la vida real."

"¿Por ejemplo?"

"Por ejemplo…" entonces el padre se detuvo. "Permíteme preguntarte," dijo finalmente, "¿cuál es tu postura de combate más fuerte?"

"Pues, la postura frontal – la delantera, por supuesto."

"Correcto. ¿Y por qué es tan fuerte?"

"Porque la mayoría de mi peso está en mi… ¿pierna frontal?" El chamaco pensó que tal vez se trataba de una pregunta con truco.

"Así es," dijo el padre. "Aproximadamente el ochenta por ciento de tu peso está en tu pierna delantera cuando tomas la postura frontal de combate. Estás sobre terreno más sólido y puedes ejecutar una técnica más poderosa de la postura frontal."

El chamaco asumió una postura frontal a la vez que su padre continuaba explicando.

"Esa es una postura que debes tomar," dijo el padre, "si deseas tener poder en tus ataques."

"¡Ah… *eso* es lo que quiere decir cuando habla de la regla del ochenta-y-veinte!"

"Así es, eso y más."

"¿Hay más?"

"No te preocupes," el padre se echó a reír de nuevo, "sólo ten esos números en mente y vas a estar bien."

"Está bien, puedo recordar que ochenta-y-veinte hacen la postura frontal fuerte. ¿Qué más debo saber?"

"Ochenta por ciento de tus victorias se producen por veinte por ciento de tus técnicas."

"No, eso no puede ser cierto… ¿puede?"

"Claro que sí. Tomemos, por ejemplo – ¿qué prefieres hacer, una patada mil veces o mil patadas *diferentes* una vez? Recuerda, de cualquier manera, harás mil patadas… así que no puedes decir *ninguna*."

"Yo haría… una patada."

"¿Por qué?"

"Porque sólo tengo que acordarme de una patada."

"¡Eso es! Y también habrías aprendido esa técnica tan bien que tal vez no necesites muchas otras técnicas para defenderte."

"¡Guau!"

"Recuérdame que te cuente la historia del zorro y el gato."

"¿El zorro y el gato? ¿Qué tiene que ver eso con esto?"

"Te digo en un momento, pero primero permíteme terminar con la regla del ochenta-y-veinte."

"Está bien, adelante."

"Si puedes aprender y retener el ochenta por ciento de lo que te enseño…"

"¿Sí, sí?" El chamaco estaba ansioso por escuchar más.

"Pues, entonces realmente no necesitas los otros veinte por ciento, ¿verdad?"

Ambos se rieron a carcajadas. Fue un momento especial entre padre e hijo – y un gran ambiente de aprendizaje para los dos.

- • -

EL GRAN GUERRERO FUE SORPRENDIDO por un golpe en la puerta. Era uno de sus discípulos, el hijo del emperador. La puerta estaba abierta pero el joven no entró. Se quedó parado en la entrada y dijo, "Disculpe, señor. Sé que no estaba programado para una lección el día de hoy, pero sentí que tenía que verlo."

"Entra, entra," dijo el guerrero.

"Gracias, señor."

"¿Qué se te ofrece?"

"Yo sólo quería escaparme de mi casa."

"¿Oh? ¿Qué pasó?"

"Es mi hermanito. Yo estaba tratando de practicar lo que usted me enseñó ayer…"

"¿Y?"

"Y él estaba hable y hable. No paraba."

"Esa no es razón para irte… a menos que no me estés contando todo."

"Perdí mi temperamento. Me enojé y le grité. Grité y grité, y no podía controlarme. Estaba muy enojado… así que me fui para no pegarle y lastimarlo."

"¿Le hubieras pegado a tu propio hermanito por algo como eso?"

"Si, señor."

"Escúchame… cuando un luchador pierde el control, entonces no puede ganar."

"Pero si he entrenado duro puedo ganar, ¿verdad?"

"El entrenamiento sólo te da una ventaja sobre alguien que no está entrenado o aquel que ha recibido poca capacitación. No te garantiza la victoria."

"¿No? Yo pensé que si entrenaba duro tendría muchas victorias."

"Puedes tener muchas victorias, pero el entrenamiento no es todo. ¿Te he contado de la regla ochenta-y-veinte?"

"No, creo que no."

"Ochenta por ciento de tus triunfos se realizarán antes de que se produzca un sólo golpe. Por lo tanto, es imperativo que estés en control – porque una persona que no puede controlarse a sí mismo no puede controlar a otra persona."

Entonces el guerrero dijo algo que cambiaría la forma en que el joven veía su vida:

ANTES DE QUE CONQUISTES A OTROS
DEBES CONQUISTARTE A TI MISMO.

"Si puedes controlar tus emociones y tus movimientos," el gran guerrero continuó, "entonces con tu entrenamiento y tus habilidades debes ser capaz de salir victorioso ochenta por ciento del tiempo sin tener que pelear."

"¡Guau! Creo que entiendo lo que me está diciendo." El joven continuó, "Tiene razón. Cuando estaba enojado y gritando ni siquiera sabía quién era yo, mucho menos saber qué hacer en batalla."

"Me alegro que te das cuenta de esto."

"Voy a intentar en controlarme mejor."

"Bueno. Tú haz eso y estarás en tu camino para *realmente* conocerte a ti mismo y para ser iluminado."

"Espere, espere." El chamaco tiró sus manos al aire. "Por favor, un poco más despacio. No entiendo una sola palabra de lo que usted acaba de decir."

"¿Qué parte no entiendes?"

"¿Yo? ¿Iluminado? ¿Cómo puede ser? Pensé que esas cosas estaban reservadas para grandes guerreros como usted."

El guerrero sonrió al decir, "Permíteme enseñarte el camino hacia la iluminación. Sígueme." Llevó al joven al patio trasero, el mismo donde el padre del guerrero le había enseñado muchas lecciones. Entonces cogió un palo y escribió lo siguiente en la tierra:

EL SABER PELEAR ES TENER CONOCIMIENTO,
EL SABER CÓMO SON OTROS ES TENER SABIDURÍA,
PERO EL CONOCERTE A TI MISMO ES SER ILUMINADO.

"Eso es hermoso," dijo el chamaco, "pero yo sólo soy principiante. Apenas estoy aprendiendo a pelear." Bajó su cabeza y se empezó a ir, pero el gran guerrero lo detuvo.

"¡Espera!" El guerrero se acercó al chamaco y puso una mano sobre su hombro. "Todo el mundo tiene que tomar los mismos pasos. No hay atajos. Así que, ¿quieres decirme lo que estabas tratando de practicar cuando tu hermanito te interrumpió?"

El chamaco se sintió mejor y dijo, "¡Seguro! He estado practicando tres, no… cuatro maneras adicionales para lanzar a un contrincante al suelo." Empezó a ritmo ansiosamente. Quería mostrarle a su maestro lo que podía hacer.

"¿Cuatro?" dijo el guerrero. "Quieres decir, ¿cuatro *aparte* de la que te enseñé?"

"Sí, señor."

El gran guerrero recordó una lección que su padre le había enseñado una vez cuando él era tan impaciente como su discípulo era ahora.

"Toma asiento, por favor," dijo él. "Permíteme contarte la historia del zorro y el gato."

"¿El zorro y el gato? No creo que quiero escuchar acerca de unos animales en este instante," dijo el chamaco. "Lo que sí quiero hacer es mostrarle lo que he estado practicando."

"Me puedes mostrar después," dijo el guerrero, "pero ahora mismo te vas a sentar calladamente y vas a prestar atención."

- • -

"ERASE UNA VEZ," DIJO EL PADRE, "había un zorro muy astuto. Este zorro no sólo estaba interesado en sobrevivir una cacería, sino también en verse bien durante el proceso. Era muy bueno, pero también muy vanidoso."

"¿Y qué pasó con el gato?" dijo el chamaco.

"Bueno, un día el zorro se acercó a un gato pequeño y tímido, y se burló de él."

"¿Por qué hizo eso?"

"Porque el zorro era malo y porque sabía que el gato no tenía habilidades en defensa personal ni en escapar el peligro. De hecho, el gato era bueno solamente para una cosa y una cosa nada más... el subir árboles."

"Pero apuesto que también sabía cómo aterrizar – cómo caer sin lastimarse, ¿verdad? *Todos* los gatos saben aterrizar."

"Tienes razón, hijo – los gatos siempre caen parados. Así que puedes ver que las habilidades del gato eran limitadas, pero sabía lo que sabía y en eso... era muy bueno. Y el zorro se echó a reír y se carcajeó en frente del pobre gato porque el zorro tenía muchas habilidades. Podía correr, podía brincar, podía esconderse, y podía hacer muchas otras cosas más cuando lo atacaban. Así que tenía muchas maneras de escapar y salvarse, y el gato no."

"¿Y qué pasó?"

"Esto es lo que pasó – un día, un oso apareció mientras que el zorro estaba ocupado burlándose y molestando al gato. El oso atacó a ambos. No le importaba cuál de los dos iba a capturar. El punto es que *el oso tenía hambre.*

"Y el gato… ¿se subió a un árbol?"

"Sí, eso es lo que hizo. De hecho, hizo la única cosa que sabía hacer."

"¿Y el zorro?"

"Bueno, el zorro se tomó unos cuantos segundos para decidir exactamente cuál táctica de escape usaría. Como puedes imaginar, para cuando decidió que hacer, el oso ya estaba sobre él. El zorro se convirtió en la cena de esa noche y el gato… bueno, el gato fue testigo de todo desde las alturas de las ramas más altas del árbol. Y el gato estaba bien contento que él era bueno en algo, que sabía hacer algo a la perfección, aunque fuera algo tan simple como subir un árbol.

- • -

"SUPONGO," DIJO EL CHAMACO, "que usted quiere que yo siga practicando la técnica que me enseñó, ¿verdad?"

"Así es," dijo el guerrero, "por lo menos por un año. Después de eso, tal vez estarás listo para más."

Y entonces el chamaco volvió a su casa después de haber aprendido dos elementos importantes de la batalla:

1) No puedes esperar controlar a otros si no te puedes controlar a ti mismo, y
2) Debes practicar una técnica una y otra vez hasta que la domines completamente antes de intentar aprender algo nuevo.

Capítulo 4

EL EMPERADOR

"¿CUÁNTO TIEMPO LLEVA EN LA CAMA?" preguntó el guerrero. Lo habían llamado a la casa del emperador porque el hijo mayor del emperador, el estudiante del guerrero, estaba enfermo.

"El sol ha ido y venido tres veces," dijo el emperador. "No ha abierto los ojos, y el fuego dentro de él está bravo. No entiendo por qué con todo el poder que tengo a mi disposición, aun me encuentro desamparado."

"¿Lo ha visto el curandero del pueblo?"

"Sí... y dice que no lo puede ayudar. ¿Puede usted hacer algo para mi hijo? Por favor, le ruego. Él piensa muy bien de usted, al igual que todos nosotros."

El gran guerrero se paró al lado de la cama, juntó sus manos y se concentró en ellas. Tomó respiraciones profundas un par de veces, adentro por la nariz y afuera por la boca. Entonces frotó sus manos muy vigorosamente hasta que apareció un resplandor entre ellas y a su alrededor.

El emperador y sus asistentes no podían creer lo que estaban presenciando.

"Por favor," dijo el guerrero, "todos háganse para atrás."

Siguieron sus instrucciones, y a la vez estaban sumamente impresionados con este hombre.

Puso su mano izquierda sobre los ojos de su estudiante y su mano derecha unas cuantas pulgadas por debajo del ombligo del estudiante. Luego cerró los ojos y reanudó su respiración lenta y centrada. Después de unos minutos, que parecieron una eternidad para el emperador, tomó una respiración larga y profunda y entonces lanzó un grito demoledor no muy diferente a ésos que utilizaba en las batallas. El cuarto parecía estremecer – y unos de los presentes gritaron con sorpresa.

El guerrero había terminado. Quitó sus manos y se paró, como esperando que algo suceda.

¡Los ojos de su estudiante se abrieron lentamente! Todos en el cuarto regocijaban y empezaron a aplaudir.

El guerrero levantó los brazos para tranquilizar a todos y dijo, "Mi estudiante, el hijo de nuestro emperador, no está bien todavía, pero lo estará. En este momento necesita silencio... y un vaso de agua."

El emperador señaló que trajeran agua, luego preguntó, "¿Cómo logró eso? ¡Pensé que sus habilidades eran sólo en el combate!"
"La forma más alta del combate es la sanación, su excelencia."

"Pero ¿cómo aprendió a hacer eso?"

El guerrero sonrió y dijo, "Tuve el mejor maestro." Nuevamente miró a su estudiante, quien ahora estaba recibiendo un trago de agua. Después se dirigió al emperador y agregó, "Su excelencia, el combate y la sanación son lo mismo."

"¿Oh? ¿Exactamente cómo puede explicar eso?"

"Permítame contarle la vez cuando mi padre me enseñó el toque de la sanación y técnicas de combate en una lección."

"¿De veras?" El emperador estaba intrigado. "Continúe."

"Una noche, antes de mi sesión de entrenamiento y mientras revisaba algunos ataques de palo, me lesioné muy severamente el hombro derecho…"

- • -

"¡AY!" GRITÓ EL JOVEN GUERRERO.

"¿Qué pasa?" preguntó el padre al llegar a la sesión de entrenamiento de su hijo.

"No puedo mover mi brazo… ¡y me duele mucho!"

"Relájate y controla tus respiraciones, hijo. Estás respirando muy rápido."

El joven guerrero hizo su mejor esfuerzo para evitar un estado de hiperventilación, pero estaba teniendo dificultad.

"Ya tienes una lesión. No queremos tener que atender otro problema si sigues respirando tan rápido y te desmayas, ¿verdad?"

"Pero no creo que pueda tolerar más de este... este dolor. ¡Ah!"

El padre se movió sin esfuerzo y con gran rapidez. Se transformó en el gran sanador que era. Juntó sus manos y enfocó sus ojos en ellas. Mientras se concentraba en su respiración, comenzó a frotar sus manos. Frotó y frotó y sus ojos jamás vagaron a otro lado. Parecía que ni siquiera parpadeó.

Entonces el joven guerrero lo vio – un resplandor hermoso envolvía las manos de su padre.

"¡Guau! ¿Qué está pasando?" preguntó el chamaco.

Pero el padre no contestó, porque se había convertido en un *foco* de energía – una fuente de poder infinito.

Luego, sin decir una palabra, el padre puso una mano en el hombro lesionado y la otra justo debajo del ombligo – un punto cual, al chamaco le habían enseñado, era el origen de toda energía.

Los ojos del padre se cerraron de nuevo y volvió a sus respiraciones lentas y concentradas. Al mismo tiempo, el resplandor en el hombro y abdomen del chamaco parecía intensificar. Entonces, sin previo aviso, el padre lanzó un grito demoledor. Una rama de un árbol cercano se rompió y el padre abrió los ojos.

"No siento nada," dijo el chamaco. "¡Ya no me duele!" Movió el hombro hacia adelante, hacia atrás, y hasta en círculos para ver si había dolor. No encontró ni un rastro. "Enséñeme a hacer eso, ¿por favor?"

El padre preparó un cabestrillo para el brazo de su hijo y respondió, "A su debido tiempo. Pero primero, quiero que uses esto por cinco días y cinco noches. Oh, y no vas a poder practicar por un total de diez días y diez noches."

"¡Diez! ¿Por qué? ¡Ya me siento mejor!"

"Necesitas suficiente tiempo para sanar adecuadamente. Además, este descanso te hará bien de todos modos."

"¿Cómo sabe que necesito descanso?"

"Hay unas cosas que un padre simplemente sabe… pero dime, hijo, ¿cómo sucedió esto?"

"¡Fue este palo! No quiere hacer lo que le digo. Se está portando mal."

"Las armas no se portan ni bien ni mal – no tienen comportamiento. Quien trae un arma *se comporta sobre* su arma," dijo el padre.

DETRÁS DE CADA ARMA
ESTÁ UNA PERSONA.

"Permíteme mostrarte algo." El padre puso una navaja en el suelo y dijo, "Observa esta navaja. ¿La ves moverse?"

"No."

"¿La ves portándose mal?"

"No – sólo está allí, sin moverse."

"¡Precisamente!" dijo el padre. "Por sí mismo, un arma no es nada. No le puede hacer daño a nadie. Pero se le da vida cuando una persona la recoge. ¿Ves?"

Cogió la navaja y comenzó a rebanar y puñalear el aire con una gracia y belleza que el chamaco sólo había visto previamente en danzas, no en combate.

"¡Guau! Parece que está bailando."

"Gracias. Me encanta bailar," dijo el padre mientras continuaba su demostración.

"Así es como se usa una navaja... ¿como una danza?"

El padre terminó su rutina con la navaja y dijo, "Sí, como un baile con una pareja. Y en este caso, la navaja es mi pareja."

"¿Cómo puede ser la navaja su pareja?"

"Permíteme explicar algo," dijo el padre al poner su brazo sobre el hombro de su hijo. "Para disfrutar un baile, se requieren dos personas moviéndose como una. De lo contrario, los dedos de los pies de alguien van a estar muy adoloridos."

El chamaco se carcajeó.

"Lo mismo," agregó el padre, "aplica a cualquier arma. Para tener éxito con armas, tú y tu arma se deben mover en unión."

SÉ UNO CON TU ARMA.

El joven guerrero miró a su arma, el palo, y entonces agarró su hombro. Se sentía mucho mejor. Sabía que en diez días tendría un aprecio muy diferente sobre las armas. No podía esperar para usar su arma como una extensión de sí mismo. Su arma se convertiría en una parte de su anatomía. El joven guerrero y su arma serían uno y el mismo.

Apuntes

Cápitulo 5

El Mejor Peleador

"¡Padre!" dijo el chamaco. "Cuando yo crezca quiero ser el mejor peleador en el mundo."

"Qué bueno, hijo. Esa es una meta muy notable."

"¿Cuánto tiempo cree que me va a tomar si entreno tres a cuatro horas cada día?"

"¿Tres a cuatro horas?" El padre entonces hizo unos cálculos en su cabeza. "Tres a cuatro horas es lo equivalente a… diez años."

"¡Guau! Eso es mucho tiempo." Siendo joven en el pensamiento y ansioso en el espíritu, el chamaco entonces dijo, "¿Y si entreno seis horas cada día?"

Una vez más, el padre hizo cálculos en su cabeza. "Seis horas por día es equivalente a… quince años."

"¡Quince! No entiendo. ¿No debería tomar menos tiempo si entreno más cada día?"

Entonces el padre dijo algo que el chamaco nunca olvidaría:

SÓLO UN OJO PUEDE ENFOCARSE EN EL CAMINO
CUANDO EL OTRO ESTÁ DESBALAGADO.

"A veces," dijo el padre, "si te relajas y tratas de no pensar tanto en tu destino, tu viaje será mucho más agradable."

"Pero todavía estoy disfrutando de mi entrenamiento. Me encanta pelear y creo que, ¡si entreno lo suficientemente duro, me voy a convertir en el mejor peleador pronto!"

"Eso no siempre es el caso, hijo. De hecho, puede realmente tomar más tiempo para lograr tus metas cuando no estás dando tu mejor esfuerzo."

"¡Pero sí lo estoy!" El chamaco estaba exasperado. "Estoy tratando muy duro para convertirme en el mejor."

"Puedes estar tratando *demasiado* duro."

"¿Qué?" Primero usted dijo que no estoy dando mi mejor esfuerzo... ¡después dice que estoy tratando demasiado!" El chamaco estaba más confundido que nunca. "¿Puede decidirse, por favor?"

El padre se echó a reír como a veces lo hacía cuando su hijo, el joven guerrero, desafiaba sus enseñanzas. "Si el combate es lo único que haces, entonces no puedes ser el mejor peleador que puedes ser. Sin embargo, si desarrollas otros talentos y habilidades, puedes traer su energía y experiencias a tus peleas. Esto, hijo mío, te hará un mejor peleador."

"Ya veo," dijo el chamaco. "Creo que voy a entrenar dos horas cada día... pero ¿qué más puedo hacer el resto del día?"

"Hay muchas cosas. Puedes estudiar danza – tu cuerpo aprenderá nuevas maneras de movimiento que indudablemente pueden ayudar a un guerrero."

"Entonces estudiaré danza."

"También puedes estudiar arte o música – elevan tu conciencia artística."

"Es verdad. También estudiaré arte y música."

"Puedes aprender otro idioma – entre mejor te puedas comunicar con más gente, tendrás menos malentendidos y eso resultará en menos peleas."

"¡Guau! Tal parece que también debo aprender otro idioma, ¿verdad?"

El padre sonrió y añadió, "Hijo, hay toda una vida de aprendizaje. No tienes que aprender todo en un día. Toma tu tiempo y diviértete, pero siempre recuerda que todo lo que aprendes te hará un mejor peleador porque una persona más completa también es un peleador más completo."

"Bien, entrenaré dos horas cada día y elijo la danza como mi otra actividad por ahora. ¿Usted me puede enseñar?"

"Claro," dijo el padre. "Pero debes poner todo de tu parte."

"Bueno, voy a poner todo de mi parte para ser mejor peleador porque también voy a aprender danza. Usted dijo que si aprendo algo más seré mejor peleador."

"Correcto, dije eso. Pero el *esfuerzo* que des a tus acciones debe ser tu mejor esfuerzo. De lo contrario, no serás feliz contigo mismo y te castigarás por no tratar lo suficientemente duro."

El chamaco pensó un poco y dijo, "¿Qué tal cuando esté enfermo? Entonces no seré capaz de dar mi mejor esfuerzo. ¿Qué hago cuando pase eso?"

"Esa es una excelente pregunta, hijo, y me dice que tomas en serio tu desarrollo personal y que sinceramente quieres ser el mejor que puedes ser."

"Entonces, ¿es posible dar mi mejor esfuerzo cuando estoy enfermo?"

"Sí," dijo el padre.

El chamaco estaba estupefacto. Pensó que oyó mal, por lo que reiteró, "Entonces, ¿*sí puedo* dar mi mejor esfuerzo cuando estoy enfermo?"

"Así es, porque tu mejor esfuerzo cambiará día a día y de situación a situación. Por supuesto, cuando estás enfermo lo mejor de ti no puede ser lo mismo que cuando estás fuerte y saludable. Y te darás cuenta que, si no haces lo mejor que puedas, independientemente de tu condición, lo sabrás en tu corazón y en tu mente."

"¿Cómo lo sabré?"

"Lo sabrás porque experimentarás enojo, auto lástima y frustración. Cuando eso ocurre, no diste tu mejor esfuerzo. Por otro lado, cuando lo diste todo e hiciste lo mejor posible, más que probable sentirás felicidad, plenitud y satisfacción... sin importar los resultados."

"Quiere decir, ¿puedo dar mi mejor esfuerzo y todavía perder una pelea?"

"Sí."

"¿Y me sentiría feliz?"

"Estarías en paz contigo mismo sabiendo que hiciste lo mejor que podías en ese momento. No muchas personas se sienten especialmente orgullosos de perder una pelea, pero deben ser capaces de aceptarlo y seguir adelante. Siempre hay algo nuevo que aprender y que puede ayudar para la próxima vez."

"¡Ya entiendo!" dijo el chamaco. "Si soy una persona más feliz porque estoy sano y estoy aprendiendo, entonces también seré un mejor peleador."

"Y… un mejor hijo," agregó el padre. Estaba orgulloso de que su hijo iba por el camino correcto hacia una vida feliz y llena de dicha.

EN CUALQUIER EXAMEN
SIEMPRE DA TU MEJOR ESFUERZO.

"Siéntate," dijo el padre. "Quiero compartir contigo una historia de lo que puede pasar cuando siempre das tu mejor esfuerzo."

– • –

UN JOVEN QUERÍA APRENDER A DEFENDERSE de sus vecinos, quienes lo intimidaban y se aprovechaban de él a diario. Tocó la puerta de un gran maestro, pero pronto descubrió que el maestro ya estaba jubilado y no lo podría ayudar. El joven le rogó al maestro, sin ningún resultado. Rogó y rogó, y hasta le imploró... y fue tan lejos como para decir que haría cualquier cosa siempre y cuando el maestro saliera de su retiro para enseñar una última vez.

El viejo hombre, tocado por la perseverancia del joven, dijo finalmente que le enseñaría sólo con una condición – que el joven desarraigue un árbol pequeño que estaba en el patio. El árbol estaba parcialmente bloqueando la vista desde adentro de la casa, y el viejo necesitaba que le quiten el árbol.

Cada día, el chamaco vino a casa del anciano para tratar de desarraigar el árbol pequeño. Cada día fracasó. Como las semanas y los meses pasaron, noticias de los esfuerzos del chamaco se propagaron. De hecho, el joven dio su mejor esfuerzo cada día. Incluso cuando estaba enfermo, él vino y trató de desarraigar el árbol. Por supuesto, su esfuerzo no era nada comparado a cuando estaba sano, pero al igual dio su mejor esfuerzo.

Como el joven creció a su adolescencia y luego a la edad adulta, el árbol se convirtió en una figura imponente y hermosa en el patio. Temprano durante una mañana de invierno, un golpeteo persistente se escuchó en la puerta del anciano. Hoy en día, el anciano caminaba un poco más lento, por lo que le tomó un tiempo llegar a la puerta y abrirla.

Cuando abrió la puerta vio al joven, ahora un hombre adulto y muy musculoso, respirando profundamente. Detrás de él estaba el árbol tirado – ¡había sido desarraigado!

El hombre fuerte logró preguntar entre respiraciones cuando comenzarían sus lecciones, a lo cual el anciano respondió, "No necesitas más lecciones. Nadie con sólo una fracción de juicio querrá pelear contra un hombre fuerte como tú – alguien que nunca se da por vencido y que siempre da su mejor esfuerzo."

– • –

"SIEMPRE DIO LO MEJOR DE SÍ MISMO, nunca se dio por vencido y..." dijo el joven guerrero, "¡ganó sin tener que pelear!"

"Hijo mío," dijo el padre orgulloso, "creo que estás aprendiendo tus lecciones muy bien."

El chamaco se rio y dijo, "¡Por supuesto! Siempre es más fácil cuando estas aprendiendo del mejor."

Apuntes

Capítulo 6

OPCIONES

EL JOVEN GUERRERO LLEGÓ A CASA del colegio con una sonrisa en su rostro. "Hoy golpee a un chamaco de mi clase," dijo con gran orgullo.

"¿Qué? ¿Qué sucedió?" preguntó el padre.

"Un chamaco estaba viendo mi trabajo, así que le di un golpe en la nariz." El joven guerrero estaba orgulloso de sí mismo. "Y sabe... ¡nunca vio mi puño venir!"

"¿Por qué harías algo como eso?"

"Bueno... porque él estaba haciendo algo que no debía. Nuestra maestra nos dijo que no debemos copear el trabajo de otros."

"No, no debes," dijo el padre. "Pero eso no es motivo para pelear, ¿o sí?"

"Pero lo que él hizo estaba mal."

"Es verdad... y lo que *tú* hiciste estaba mal también. Espero que no te estoy enseñando a pelear sólo para que puedas pelear a cualquier momento que se te antoje. Es realmente un abuso de tus habilidades y un mal uso de mis enseñanzas.

"Entonces, creo que no debí golpearlo, ¿verdad?" El chamaco se estaba empezando a sentir culpable y avergonzado.

"Hijo, debes elejir mejor."

ELIJE TUS BATALLAS CON SABIDURÍA.

"¿Qué significa eso?"

"Significa que tú decides cuales batallas valen la pena pelear. Y ten en mente que las batallas que eliges definen lo que es verdaderamente importante en tu vida."

"No entiendo."

"Siéntate para poder explicarte," dijo el padre. "Cada día habrá cosas que otros hacen o dicen con lo cual no estarás de acuerdo. Tu idea de un mundo *perfecto* puede no ser la idea de un mundo perfecto de alguien más."

El chamaco escuchaba atentamente.

"Imagina qué clase de vida tendríamos si nos peleamos cada vez que algo no sale como quisiéramos. Pasaríamos mucho tiempo y energía en luchas pequeñas sin sentido. Y eso, hijo mío, es muy mal uso de talento, habilidades y esfuerzo."

"Guau, no quiero estar en pleitos todo el tiempo."

El padre se acercó al chamaco y miró a sus ojos. "Mira hijo," dijo el padre, "muy pronto toda nuestra vida sería una serie de batallas pequeñas. Toda nuestra energía se gastaría en cosas relativamente sin importancia, y cuando realmente tengamos que ir a la batalla no vamos a estar listos ni en las mejores condiciones posibles."

"Ya entiendo," dijo el chamaco. "No debo pelear simplemente por pelear, ¿verdad?"

"Así es," dijo el padre. "Uno debe pelear por lo que verdaderamente es importante – el amor, la vida y el honor."

"Usted tiene toda la razón," dijo el chamaco. "Si siempre estoy en una lucha u otra, estaré tan ocupado con cosas pequeñas que no me voy a dar cuenta cuando la grande esté delante de mí."

LAS BATALLAS QUE ELEGIMOS DEFINEN
LO QUE REALMENTE ES IMPORTANTE PARA NOSOTROS.

"Muy bien, hijo mío. Veo que estás recibiendo el mensaje." Se rio por la elección de palabras de su hijo. "Recuerda, *la grande*, como la llamas, es realmente tres cosas: el amor, la vida y el honor."

"Sí, señor. Lo recordaré."

"Un guerrero inteligente no arriesga su vida en cosas insignificantes o en posesiones. Las cosas materiales pueden reemplazarse... pero una vida perdida jamás regresa."

"No lo había pensado de esa manera, padre. Supongo que debo tener más cuidado."

El padre asintió con la cabeza. "Piénsalo de esta manera, hijo. Cuando alguien muere, ¿qué se lleva en su persona?"

"¿Qué quiere decir *qué se lleva*?"

"¿Qué *cosa* se puede llevar una persona cuando está muerta?"

"Creo que nada."

"*Nada* es correcto. Cuando morimos, no podemos llevar nuestro dinero y no podemos llevar nuestras posesiones. Así que es mejor estar seguro que la lucha en cual estás involucrado vale la pena luchar."

"¿Podemos llevar nuestros recuerdos?"

"Bueno, tal vez eso sí. Pero, por otro lado, si sobrevives la batalla siempre hay otro día para reemplazar aquellas cosas materiales que pudiste haber perdido mientras estabas ocupado defendiendo *la grande*."

"El amor, la vida y el honor," dijo el chamaco. "¿Ve? Me acordé."

"Muy bien, hijo. Muy bien."

- • -

"ELIJE TUS BATALLAS CON SABIDURÍA," dijo el gran guerrero.

"En otras palabras," dijo el discípulo, "¿puedo elegir cuando pelear?"

"Sí, definitivamente debes elegir cuando pelear y cuando no pelear. De esa manera ganarás cada pelea."

"Pero ¿cómo se sabe cuándo es el momento para pelear?"

"Créeme," dijo el guerrero, "lo sabrás. ¿Te he contado la historia del escultor y el anciano?"

"No señor, no me la ha contado."

"Entonces siéntate y escucha..."

- • -

UN HOMBRE VIEJO, DE ASPECTO FRÁGIL llegó al pueblo un día y pidió el mejor artesano porque necesitaba una talla hecha. Fue dirigido a un escultor altamente cualificado – y resulta que también era bastante fuerte físicamente. Cuando el anciano llegó al taller, el escultor inmediatamente lo reconoció.

"¿No es usted un famoso karateka?" le preguntó.

"Yo no sé de *famoso*, pero he practicado las artes marciales por muchos años," contestó el anciano.

"¡Se ve tan viejo y débil!" dijo el escultor. "Debe ser muy triste ser viejo."

"Sí," dijo el anciano, "es muy triste... pero creo que es más triste nunca llegar a la vejez."

El escultor reclamó, "¿Me está amenazando, anciano?"

El anciano mantuvo la calma y dijo, "Todos pasamos por las mismas etapas en la vida. Un día usted también será viejo y débil como yo."

El escultor había escuchado suficiente. "¡La verdad es que yo no soy viejo y no soy débil! ¡He ganado muchas peleas y apuesto que puedo acabar con usted ahora mismo!"

"No quiero pelear."

"Oh, pero yo sí... y además, siempre he querido derrotar a un gran maestro karateka como usted."

Y tan pronto como dijo esto atacó al anciano. Saltó en el aire... pero así de rápido, el anciano lanzó un grito tan poderoso que el ataque del escultor repentinamente se detuvo en pleno vuelo. El escultor cayó hacia atrás, casi como si una fuerza más poderosa que él lo había tumbado. Él podría jurar que el sonido demoledor provenía de las profundidades de la tierra. Se quedó allí... tirado en shock. Lo único que pudo hacer era mirar a los ojos del anciano.

El escultor se levantó lentamente y esperó un momento antes de iniciar un segundo ataque. Esta vez, la mirada concentrada del anciano congeló al joven y fuerte artesano allí mismo. ¡No se podía mover! Era como si sus pies se habían arraigado en el suelo y él estaba atrapado allí.

El escultor joven y fuerte finalmente admitió la derrota y le preguntó al anciano, "¿Cómo le hizo para derrotarme? Usted es viejo y débil… y yo soy joven y fuerte."

"Es muy simple," dijo el anciano. "Usted sólo estaba interesado en derrotar a un viejo frágil y débil. Pero yo… yo estaba dispuesto a morir en batalla."

QUIEN ESTÁ DISPUESTO A MORIR EN BATALLA
ES EL OPONENTE MÁS PELIGROSO.

"¿Estaba dispuesto a morir?" preguntó el escultor.

"Sí. Ya he vivido una vida larga y próspera. No tengo nada más que hacer, ningunas cuentas pendientes, nada más que demostrar. He visto a mis hijos crecer y ser felices... y ahora son productivos miembros de la sociedad. Estoy dispuesto a morir, es por eso que no estoy impedido de alguna manera. *Usted...* ¿está listo para morir?"

"¡Claro que no!" dijo el escultor. "Todavía tengo muchas cosas que me gustaría hacer en mi vida."

"Es por eso que no debe pelear sólo para demostrar que es fuerte. Todos probablemente ya lo saben. Debe elegir sus batallas cuidadosamente y con sabiduría."

– • –

"¡Guau!" dijo el discípulo. "Esa es una historia increíble. ¿Y qué pasó con el escultor?"

"Qué bueno que me preguntas," dijo el gran guerrero. "Después de mucho insistir, el anciano lo tomó como aprendiz."

"¡Un momento! ¿No dijo el anciano que ya había vivido bastante y no tenía nada más que hacer?"

El guerreo sonrió. "Es verdad."

"Así que ¿por qué le enseñaría a alguien que lo quería matar?"

"Porque el anciano había llegado a ese pueblo *específicamente* para enseñarle al joven escultor su arte."

"Un momento… ¿qué está pasando?"

El guerrero se carcajeó y dijo, "El anciano había oído de un artesano fuerte que era un gran luchador, pero que también necesitaba cierta orientación. Así pues, vino a encontrarlo."

"Oh, ya entiendo," dijo el discípulo. "¡Él no necesitaba *ninguna* talla!"

"Veo que estabas poniendo atención," dijo el gran guerrero. "Y me agrada." Pensó por un momento y luego agregó, "Tal vez voy a necesitar un trabajo… ¿eres bueno en tallas de madera?"

Ambos rieron.

Apuntes

Capítulo 7

SIEMPRE ESTAR LISTO

EL CHAMACO ESTABA CONTENTO que le contó a su padre del incidente en el colegio. Aprendió una lección valiosa debido a él. Y puesto que su emoción era demasiado grande y muy tarde en el día, tuvo dificultades en dormirse esa noche. Dio vuelta tras vuelta, y finalmente se levantó de la cama. No estaba seguro que hacer, así que se dirigió a la habitación de su padre.

El chamaco se acercó a la cama de su padre. Se sorprendió al notar que uno de los ojos de su padre estaba abierto, aparentemente mirando algo. Tal vez, ¡mirándolo a él!

"¡Hijo! ¿Qué estás haciendo?" dijo el padre, levantándose.

"¡Ahhh!" el chamaco gritó. "¡Su ojo!" Paró de respirar momentariamente y después continuó, "Su ojo... me estaba viendo."

El padre se rio. "Pues claro, hijo. Siempre duermo con un ojo abierto."

"¿Para qué?"

"Para que no me caigan por sorpresa."

"Pero ¿quién querrá pelear con alguien que está dormido?"

"Muchos combatientes, hijo… especialmente los inteligentes."

"No entiendo."

"Uno de los principios básicos de ganar en el combate es…"

ATAQUE CUANDO SU OPONENTE
NO ESTÁ LISTO PARA USTED.

El padre continuó, "Por eso es que muchos guerreros han sido atacados cuando duermen. Porque la mayoría de las personas no están preparadas para la batalla cuando están soñando."

"Pero usted *me vio*, ¿no? ¿Cuando entré a su cuarto?"

"Sí, hijo. Así es."

"Así que, eso significa que *usted* estaba listo para la batalla, ¿verdad?"

"Correcto. Yo estaba listo para la batalla y estaba listo para la paz. Inclusive, estaba listo para que mi proprio hijo viniera a despertarme."

"Lo siento. No quería despertarlo."

"Está bien, hijo mío," dijo el padre. "Con la ayuda de una oración especial, la *Oración del Guerrero*, uno puede estar listo para casi cualquier cosa... en cualquier momento del día o de la noche."

"¿La *Oración del Guerrero*?" El chamaco pensó por un momento, luego agregó, "No pensaba que los guerreros tenían necesidad de la oración."

"Por supuesto, todo mundo necesita orar. Y los guerreros no son la excepción. Arriesgan sus vidas todos los días. Y además, un poco de ayuda extra no le hace daño a nadie, ¿cierto?"

"Cierto, padre."

"¿Te gustaría aprenderla?"

"Claro," dijo el chamaco. "Quiero aprender lo más que pueda."

"Pues muy bien." El padre respiró lenta y profundamente, y recitó…

ME RECOJO YO A DORMIR,
SÓLO UN OJO VOY A ABRIR.
SIN CONCIENCIA NO HAY SUERTE,
HAZME PURO, SÁBIO Y FUERTE.

"¡Esa es una gran oración!" dijo el chamaco. "¿Usted la hizo?"

"No, hijo, no la hice. Esta oración ha pasado por muchas generaciones. Es parte del sistema de creencias de un guerrero."

"¿Todos los guerreros creen en la oración?"

"No todos, pero los que sí están más en paz con ellos mismos. Yo, personalmente, siempre me siento mejor cuando rezo."

"Voy a empezar a rezar todas las noches también," dijo el chamaco.

"Bien por ti, hijo. Piensa en esto como un pedido especial para la protección del *Dios de la Guerra*."

"Bueno, voy a hacer eso. Supongo que podría usar la protección."

"Todos la podemos usar," dijo el padre. "Todos la podemos usar."

Esa noche el chamaco volvió a su cama después de recitar la recién aprendida *Oración del Guerrero*. Lo mejor que pudo, intentó mantener un ojo abierto.

No pudo.

Todavía era muy joven.

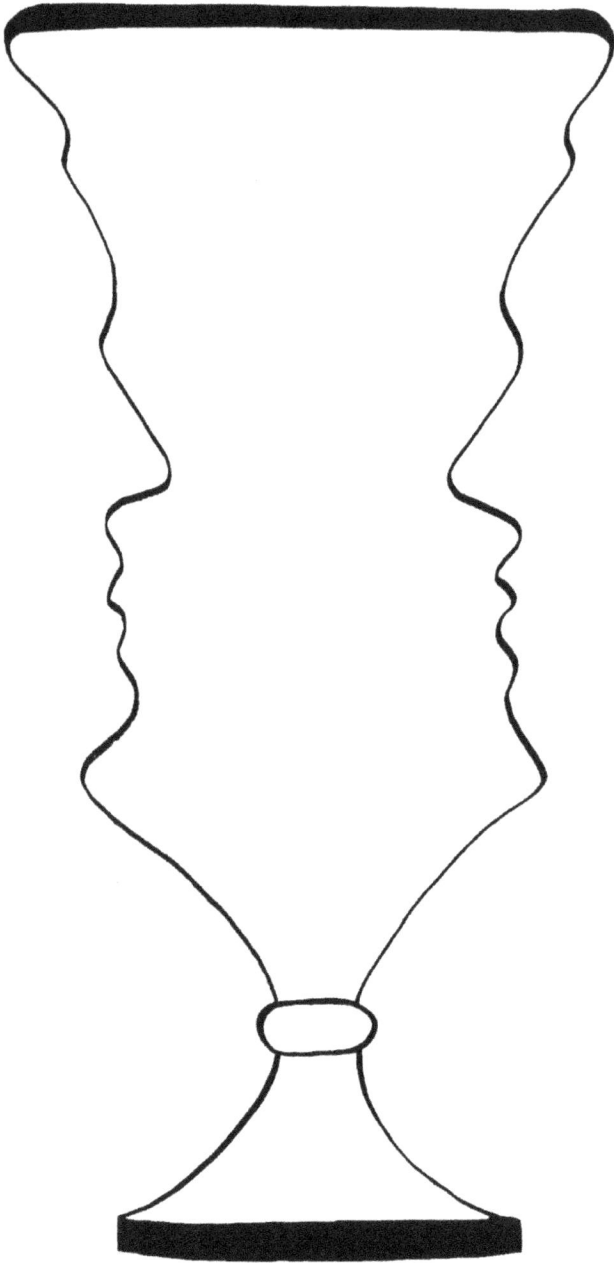

Capítulo 8

LA GRANDEZA

LA MAÑANA SIGUIENTE, el joven guerrero se dirigió a su padre con energía renovada. "Padre," dijo él, "anoche algo sucedió..."

"¿Qué sucedió, hijo mío?"

"Sentí que dormí... ¡como un bebé!"

El padre se rio, "Eso es maravilloso, hijo. Creo que la *Oración del Guerrero* te ayudó a conseguir un descanso muy necesario."

"¡Sí! Tenía razón usted otra vez. Sentí..." El chamaco buscó la mejor palabra y finalmente dijo, "... *seguridad*."

"Muy bien, hijo, muy bien. Sabes, no eres la única persona que obtiene este tipo de comodidad de la oración. Me alegro por ti."

"Gracias, padre." El joven guerrero entonces se acercó a su padre con una preocupación. "Padre," él dijo, "estaba pensando..."

"¿Sí?"

"¿Es malo que yo trate de ser el mejor peleador del mundo?"

"Claro que no, hijo mío. ¿Por qué preguntas?"

"Porque a veces siento que estoy siendo egoísta por mis deseos de grandeza."

"Uno no es egoísta cuando sigue siendo humilde. De hecho, la verdadera grandeza sólo se logra con humildad."

"Entonces, ¿es posible disfrutar la grandeza una vez que se logra?"

"Sí, pero sólo es posible si te mantienes humilde."

"¿Cómo puede uno ser ambas cosas, humilde y grande? No se oye bien."

"Este es un ejemplo de la *paradoja de la grandeza*, hijo mío."

"¿La qué de la grandeza?"

"Pa-ra-do-ja," dijo el padre. "Una paradoja es algo aparentemente contradictorio, pero es muy cierto. Déjame darte un ejemplo."

El chamaco escuchaba atentamente.

"Es como la fuerza impulsora de la vida – el yin y el yang. La ley de contraste de opuestos; día y noche, duro y suave, hombre y mujer, y sí... grandeza y humildad."

"Pero ¿por qué es esto así?"

"Es así porque tiene que haber un equilibrio para que la vida y la naturaleza estén en armonía."

"Ya entiendo," dijo el chamaco. "No sólo es posible ser grande y humilde, pero en realidad *es la única manera*, ¿verdad?"

"Es la manera *real* – tienes razón."

Así, el chamaco acompañó a su padre para un desayuno saludable. Y todo el tiempo pensó en:

LA PARADOJA DE LA GRANDEZA:
LA VERDADERA GRANDEZA SE LOGRA
SÓLO POR AQUELLOS QUE SON HUMILDES.

Apuntes

Capítulo 9

FAMILIA

DESPUÉS DEL DESAYUNO, EL JOVEN GUERRERO hizo una observación. "Padre," dijo él, "usted se ve diferente esta mañana."

"Ah, ¿sí?"

"Sí, usted se ve... contento."

El padre se rio a carcajadas. "Veo que estás comenzando a desarrollar tu sexto sentido, hijo mío. Y sí, estoy contento," dijo como limpió una lágrima de su mejilla. "Y tú también debes estarlo."

"¿Por qué?"

"Porque tu madre llega hoy."

El chamaco saltó e hizo piruetas de alegría. "¡Qué increíble! ¡Qué maravilloso! ¡Qué increíble Y maravilloso!" él gritó. "Ya era tiempo que regresara, ¿verdad?"

"Sí, hijo. Pero tú sabes muy bien que la presencia de tu madre se necesitaba desesperadamente por tu abuela."

"Lo sé, lo sé," dijo el chamaco. "Es que parece que ella se había ido por mucho tiempo. Y, sin ofenderlo padre, pero mi madre cocina mejor que usted."

"Estoy de acuerdo contigo, hijo. Yo también disfruto las comidas de tu madre."

"¡No puedo esperar para mostrarle todo lo que he aprendido! Seguro va a estar muy impresionada con mis nuevas técnicas, mi nuevo juego de piernas y mi equilibrio."

"Estoy seguro que tu madre estará muy emocionada al ver todas tus técnicas, hijo."

"¿Padre," dijo el chamaco, "cómo mantiene usted su equilibrio?"

"Eso es muy fácil, hijo." Elevó dos dedos al aire. "Dos palabras: *tu madre*."

"¿Madre? ¿Ella también es peleadora?"

El padre se rio, "No, hijo mío. Tu madre no es una *peleadora* en el sentido más estricto de la palabra, pero sí ha luchado muy duro toda su vida para que podamos proveer para ti."

"¿Oh?" El chamaco se sorprendió. "Yo pensé que usted era el que trabaja duro para traernos comida."

"Sí, claro que trabajo muy duro," dijo el padre, "pero tu madre también trabaja muy duro. De hecho, su trabajo es tan importante como el mío, si no más."

"Oh, ya entiendo," dijo el chamaco, "esto es de lo que usted estaba hablando cuando me dijo de la paradoja de la grandeza, ¿verdad?"

"Muy bien, hijo. Me enorgullece tu atención a mis enseñanzas." Continuó, "Ves, tu madre y yo somos como el yin y el yang; dos opuestos necesarios para equilibrarnos el uno al otro y para guiar tu desarrollo."

"Guau," dijo el chamaco, "ahora sé por qué usted es un gran padre."

"Gracias, hijo. Pero, en realidad, ningún hombre puede ser un gran padre sin la ayuda de una gran madre. Igualmente, ningún hombre puede alcanzar la grandeza sin el amor y el apoyo de una gran mujer."

DETRÁS DE CADA GRAN HOMBRE
ESTÁ UNA GRAN MUJER.

Apuntes

Capítulo 10

PARAR LA BALA

SE ESCUCHÓ UN SUAVE GOLPE en la puerta.

"¡Madre! ¡Es mi madre!" gritó el chamaco.

"Pregunta quién es, primero," aconsejó el padre. "Recuerda, un gran guerrero siempre esta alerta y listo para la acción."

"¿Quién es?" preguntó el joven guerrero, asumiendo una postura de combate.

"Tu madre."

El joven guerrero reconoció la voz de su madre y rápidamente abrió la puerta. Saludó a su madre con una lluvia de abrazos y besos. Y pronto, le estaba mostrando las nuevas habilidades que había aprendido en su ausencia.

"Muy impresionante," dijo ella. "Estoy orgullosa de ti."

"Gracias, madre."

"Ya te enseñó tu padre su técnica de cómo parar una flecha?"

"No," dijo el joven guerrero, "pero me contó la historia."

"Bueno, ambos siéntense," dijo ella, "y permítanme contarles lo que me sucedió cuando venía de regreso a la casa."

- • -

"CUANDO VENÍA LLEGANDO A NUESTRO PUEBLO, oí varios disparos y luego vi a dos jovenes corriendo. Venían en mi dirección. Uno de ellos tenía una pistola en la mano. Cuando me vieron, se pararon. El de la pistola la levantó y me la apunto."

"¿Qué hizo usted?" preguntó el estupefacto joven guerrero.

"Hice lo que hubiera hecho cualquier madre sensata. Le dije que no es muy agradable – de hecho, es francamente muy irrespetuoso – apuntar un arma peligrosa a una mujer, y mucho menos a una madre."

"¿Qué pasó después?" preguntó el chamaco.

"Le dije: *Ahora, vaya y cuide a su propia madre. ¿Quién sabe? Tal vez alguien está apuntándole con un arma este mismo minuto como lo está haciendo usted conmigo.*"

"¿Y después?" El joven guerrero estaba ansioso por saber.

"Huyeron, llamando el nombre de su madre, me supongo."

"¿Usted tenía miedo?" preguntó el chamaco.

"Claro," dijo la madre, "pero creo que ellos tenían más miedo que yo."

Padre, madre e hijo se dieron un abrazo de grupo. Estaban felices de reencontrarse y recuperar su equilibrio en la vida.

LA MEJOR MANERA DE PARAR UNA BALA:
¡DETENLA ANTES DE QUE SALGA DEL ARMA!

- • -

ESA NOCHE, JUSTO ANTES DE ACOSTARSE, ambos padres hablaron con su hijo, el joven guerrero.

"Hijo," dijo el padre, "te he enseñado muchas lecciones y creo que tú me has enseñado algunas también... aunque tal vez no te des cuenta todavía."

"¿Qué me está tratando de decir, padre?"

"Te estoy tratando de decir que tu madre y yo estamos muy orgullosos de ti y te amamos mucho, hijo."

"Te amamos," dijo en eco la madre.

"Yo también los amo a los dos."

"Un día," dijo la madre, "tu padre tal vez te enseñe como parar una flecha..."

"Pero por ahora," agregó el padre, "tu madre te ha enseñado como parar una bala."

El joven guerrero sonrió tranquilamente.

Estaba cansado.

También tenía sueño.

"Buenas noches, padre. Buenas noches, madre."

"Buenas noches, hijo," dijeron al unísono.

— • —

"ASÍ QUE, ¿QUIEREN SABER COMO PARAR UNA BALA?"
preguntó el gran guerrero.

"¡Sí, sí!" gritaron sus discípulos.

"Permítanme contarles acerca de mi madre…"

Apuntes

BIBLIOGRAFÍA

Martial Arts Teaching Tales of Power and Paradox, P. Fauliot, Inner Traditions, Rochester, Vermont, 2000.

The Art of War, Sun Tzu, Dell Publishing, New York, NY,1983.

Zen in the Martial Arts, J. Hyams, J.P. Tarcher, Inc., 1979.

Fotos

SIEMPRE BUSCA AYUDA –

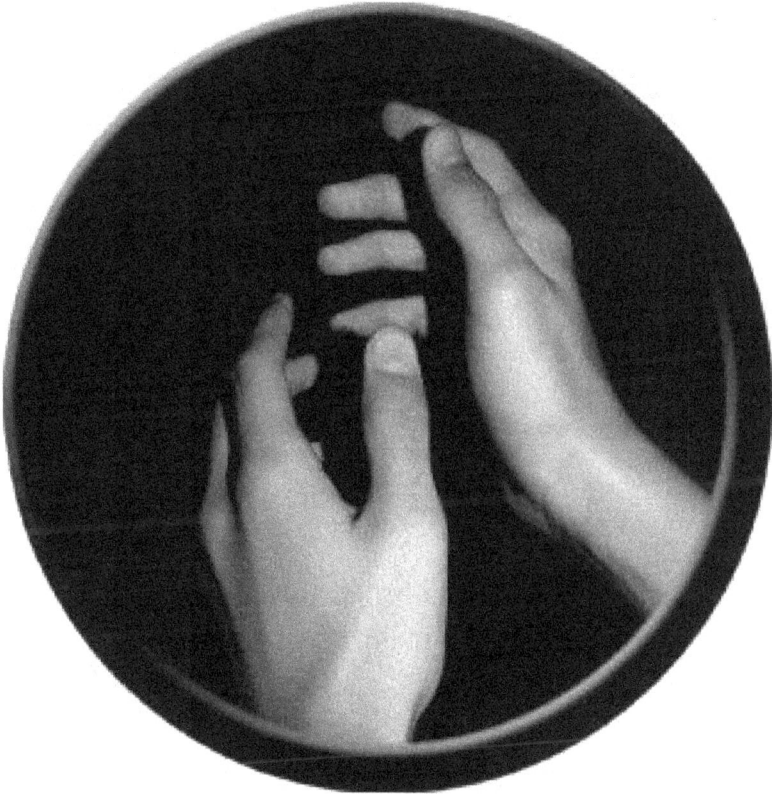

ALGUIEN ESTARÁ ALLÍ PARA TI.

–BELIEF–

Accept the affirmations from within, and you shall succeed.

© 2011 José Luis Hinojosa

Traducción: La Creencia – Acepta las afirmaciones de tu interior, y tendrás éxito.

Este es uno de los muchos carteles motivacionales que mi cámara me ayuda a crear.

Siempre les digo a mis hijos que el éxito es simplemente lo siguiente: lo que tu mente puede *concebir*, y tu corazón puede *creer*, tú puedes *lograr*.

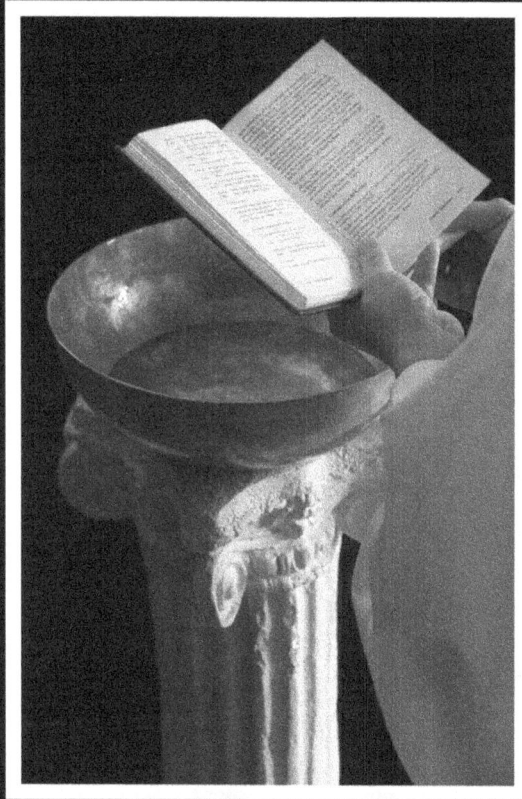

–FAITH–

Faith can purify your soul when nothing else can.

© 2011 José Luis Hinojosa

La Fe –
La fe puede purificar tu alma, cuando nada más lo puede.

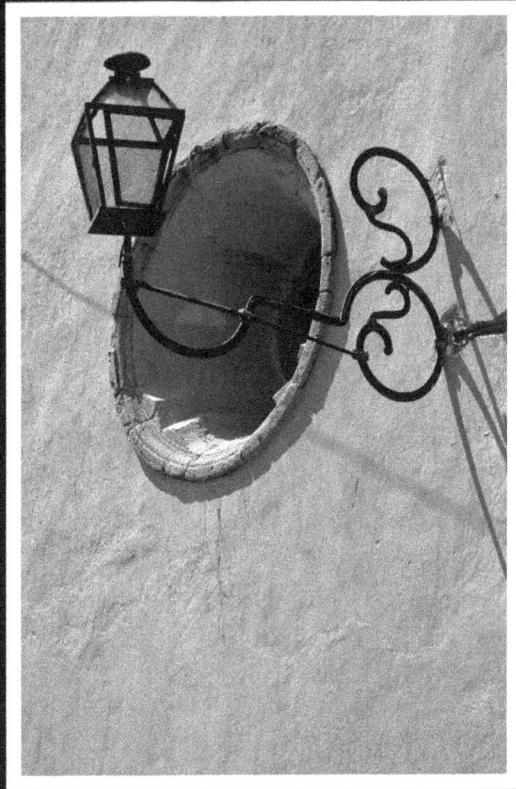

–TIMING–

When the window of opportunity is small,
let your inner light guide you toward success.

© 2011 José Luis Hinojosa

La Elección del Momento –

Cuando la ventana de oportunidad es pequeña,
permite que tu luz interior te guíe hacia el éxito.

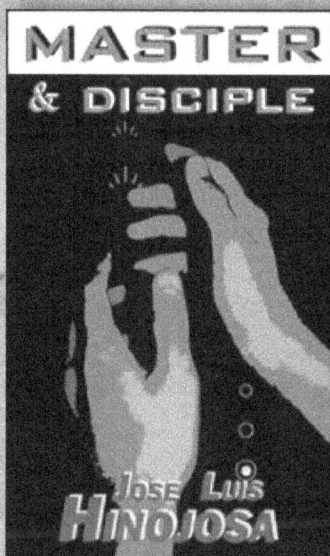

WANTED

FOR BEING SUCH AN AWE-INSPIRING BOOK FOR KIDS!

MASTER & DISCIPLE

Jose Luis HINOJOSA

REWARD: PRICELESS

Notify the Marshall now!
DrJLHinojosa@yahoo.com

Se Busca: ¡Por ser un libro tan impresionante para niños!
Recompensa: No tiene precio
¡Notifica al Marshall ahora!

El anillo de gran campeón que ganó el Dr. Hinojosa en Rosenheim, Germany en el 2005... y *Grand Champion*®, el popular juego de barajas que inspiró. El juego, así como *Maestro y Discípulo*, enseña buenos morales.

SOBRE EL AUTOR

José Luis Hinojosa, MD y su familia emigraron de México a los EE.UU. cuando sólo tenía 7 años de edad. Tuvo la suerte de asistir a una escuela *Ivy League* (la Universidad de Brown) para sus estudios universitarios. Después de allí, se matriculó en el Colegio de Medicina de la Universidad de Cincinnati (en Cincinnati, Ohio) para lograr su título de Doctor de Medicina. Después de terminar su especialidad en Medicina Familiar en el sur de Texas, desarrolló una práctica privada exitosa durante 25 años. Hoy en día, se especializa en Medicina Ocupacional e Industrial en St. Catherine Hospital y Siena Medical Clinic en Garden City, Kansas. Siempre un estudiante del aprendizaje, el Dr. Hinojosa logró su Maestría en Ciencias en Administración de Salud de la Universidad Grand Canyon en abril de 2016.

Además de ser un líder médico, el Dr. Hinojosa es también un líder en las artes marciales. Ha entrenado y enseñado las artes marciales por 40 años y ha ganado muchos títulos, incluyendo varios *Campeonatos Mundiales* en Alemania y México, múltiples premios de Sala De Honor y es un favorito del público con sus rutinas poderosas, creativas y de gran entretenimiento – en particular, su rutina ganadora titulada *Reflexiones de un Anciano,* en la cual se viste como un hombre mayor con un bastón y deslumbra a la multitud mientras recuerda su juventud. Y hablando de juventud, el Dr. Hinojosa tiene tres hijos (JL, Laura y Alexis) que siempre le inspiran; también está felizmente casado con María Elena Hinojosa.

Como innovador, el Dr. Hinojosa inventó un fascinante dispositivo médico (patente pendiente) que se está posicionado para revolucionar el cuidado de la salud a través del mundo – favor de ir a **www.TheMDMedical.com** para más información. También inventó el juego de barajas popular *Grand Champion*® *(Gran Campeón),* el primer juego de barajas en la historia relacionado con las artes marciales. *Maestro y Discípulo,* como *Grand Champion*®*,* enseña buenos valores morales y ha tenido tanto aclamo que en 2008 el Dr. Hinojosa fue instalado en el *Salón de la Fama de las Artes Marciales Universales* como *Autor del Año* debido a las enseñanzas y lecciones encontradas en *Maestro y Discípulo.*

Esta versión de *Maestro y Discípulo* es el duodécimo libro que el Dr. Hinojosa ha publicado – ¡y el segundo escrito totalmente (sí, 100%) en español! *¡El Lenguaje de los Triunfadores!* es la versión en español del popular libro de superación personal, *The Language of Winners!* El Dr. Hinojosa es un dramaturgo (*Rosi Milagros* – una obra de dos actos que toma lugar en México en 1924) y *Exam Room 2 (Cuarto de Examinación 2)*. También es coautor de un guion para una película independiente (*Campeón: Un Viaje del Corazón*). Para más información en cómo obtener algunos de sus libros, favor de ir ahora a la siguiente página web: **www.BooksByDrHinojosa.com**

Dr. Hinojosa es un actor teatral y también ha aparecido en varias películas de largometraje. Su más reciente trabajo de actuación fue en el estreno mundial (noviembre 2011 hasta enero 2012 en tres ciudades del sur de Texas) de la obra *Tales of the Hidalgo Pump House (Cuentos de la Casa de Bomba de Hidalgo)*, donde interpretó un papel protagónico, Luis Rivera, y tuvo la oportunidad de mostrar su canto, el baile y la sincronización cómica. Su más reciente película fue en 2009, en cual interpretó al villano en la película de largometraje de Warrior Pictures titulada *Campeón: A Journey of the Heart*.

Como un orador profesional, el Dr. Hinojosa es igualmente fluido en español como en sus presentaciones en inglés. Comparte sus experiencias con su público con tal pasión y claridad que llega a conectarse siempre con el público. No sorprende que se le busca al Dr. Jose Luis "Jay-el" Hinojosa como orador motivacional e inspirador no sólo en los EE.UU., sino también en México. Es especialista en temas de *Liderazgo y Éxito*, con sus presentaciones más populares siendo: *The Making of a Leader (La Fabricación de un Líder), Dream Your Way to Success (Sueña tu Camino al Éxito), The Five Business Lessons to Learn from Breaking Boards (Las Cinco*

Lecciones de Negocios para Aprender al Romper Tablas), y Develop a World Champion Attitude (Desarrolla una Actitud de Campeón Mundial).

¿Te Gustó este Libro?

- Padres, ¿les inspiró este libro a pasar más tiempo con sus hijos?

- Chamacos, ¿les ayudó este libro a entender mejor las lecciones y enseñanzas de sus padres?

- ¿Recomendarías este libro a tus amigos y familiares?

Si contestaste **sí** a alguna de estas preguntas, entonces debes mostrarle al mundo entero que esto es importante para ti y ¡ordena una copia de *Maestro y Discípulo* para tus amigos y tus seres queridos ahora mismo!

HE AQUÍ CÓMO ORDENAR

www.BooksByDrHinojosa.com

www.ingramcontent.com/pod-product-compliance
Lightning Source LLC
LaVergne TN
LVHW091223080426
835509LV00009B/1134